वीसा के लिए इंतजार

डॉ. भीमराव आंबेडकर

अनुवाद - सविता पाठक

SHOOLIN
PRESS
MUMBAI, MAHARASHTRA

वीसा के लिए इंतजार

डॉ. भीमराव आंबेडकर

Re-Published in 2025

ISBN: 978-81-993067-5-2

Publisher: **Shoolin Press**
Mumbai, Maharashtra
E-mail: shoolinpressinfo@gmail.com

अनुक्रमणिका

कोई आंबेडकर कैसे बनता है ? यह लंबा वृत्तांत इसी प्रश्न का जवाब है। आश्चर्य की बात यह है कि डॉ. आंबेडकर इतनी तटस्थता के साथ यह सब कैसे लिख सके जो बचपन में और बाद में उनके साथ बीता। आज हम सब डॉ. आंबेडकर को जानते हैं, पर इसका एहसास कम ही लोगों को है कि इतने प्रतिभाशाली और काबिल होने के बाद भी सिर्फ महार परिवार में जन्म होने के कारण उन्हें कैसी-कैसी परिस्थितियों का सामना करना पड़ा था। एक बार तो वे मरते-मरते बचे। भारतीय संविधान ने अछूतपन को खत्म कर दिया है। पर देश के बहुत से हिस्सों में आज कानून चल रहा है, जो दलित को सार्वजनिक कुएँ या तालाब से पानी पीने को रोकता है।

भारत के विश्वविद्यालयों में डॉ. आंबेडकर की ऐसी कोई किताब शायद नहीं पढ़ाई जाती, पर उनकी पुस्तिका ' वेटिंग फॉर वीजा ' संयुक्त राज्य अमेरिका के कोलंबिया विश्वविद्यालय के पाठ्यक्रम में शामिल है। पुस्तिका के संपादक प्रो. फ्रांसेज डब्ल्यू प्रिंटचेट ने आंतरिक साक्ष्यों के आधार पर अनुमान लगाया है कि यह 1935 या 1936 की रचना है। 'वेटिंग फॉर वीसा ' का प्रकाशन पहले पहल पीपल्स एजुकेशन सोसायटी द्वारा 1990 में हुआ था। डॉ. आंबेडकर की पांडुलिपि भी वहीं उपलब्ध है। इस पुस्तिका को नए शीर्षक के साथ, हिंदी में पहली बार, प्रकाशित करते हुए हमें बेहद खुशी हो रही है।

विदेश में लोगों को छुआछूत के बारे में पता तो है लेकिन इससे वास्तविक सामना नहीं पड़ने के कारण वे यह नहीं जान सकते कि दरअसल यह प्रथा कितनी दमनकारी है। उनके लिए यह समझ पाना मुश्किल है कि बड़ी संख्या में हिंदुओं के गाँव के एक किनारे कुछ अछूत रहते हैं, हर रोज गाँव का मैला उठाते हैं, हिंदुओं के दरवाजे पर भोजन की भीख माँगते हैं , हिंदू बनिया की दुकान से मसाले और तेल खरीदते वक्त कुछ दूरी पर खड़े होते

हैं, गाँव को हर में अपना मानते हैं और फिर भी गाँव के किसी सामान को कभी छूते नहीं या उसे अपनी परछाई से भी दूर रखते हैं।

अछूतों के प्रति ऊँची जाति के हिंदुओं के व्यवहार को बताने का बेहतर तरीका क्या हो सकता है। इसके दो तरीके हो सकते हैं। पहला, सामान्य जानकारी दी जाए या फिर दूसरा, अछूतों के साथ व्यवहार के कुछ मामलों का वर्णन किया जाए। मुझे लगा कि दूसरा तरीका ही ज्यादा कारगर होगा। इन उदाहरणों में कुछ मेरे अपने अनुभव हैं कुछ दूसरों के अनुभव। मैं अपने साथ हुई घटनाओं के जिक्र से शुरुआत करता हूँ।

१

बचपन में दुस्वप्न बनी कोरेगाँव की यात्रा

हमारा परिवार मूल रूप से बांबे प्रसिडेंसी के रत्नागिरी जिले में स्थित डापोली तालुके का निवासी है। ईस्ट इंडिया कंपनी का राज शुरू होने के साथ ही मेरे पुरखे अपने वंशानुगत धंधे को छोड़कर कंपनी की फौज में भर्ती हो गए थे। मेरे पिता ने भी परिवार की परंपरा के मुताबिक फौज में नौकरी कर ली। वे अफसर की रैंक तक पहुँचे और सूबेदार पद से सेवनिवृत्त हुए। सेवानिवृत्ति के बाद मेरे पिता परिवार के साथ डापोली गए, . ताकि वहाँ पर फिर से बस जाएँ। लेकिन कुछ वजहों से उनका मन बदल गया। परिवार डापोली से सतारा आ गया, जहाँ हम 1904 तक रहे।

मेरी याददाश्त के मुताबिक पहली घटना 1901 की है, जब हम सतारा में रहते थे। मेरी माँ की मौत हो चुकी थी। मेरे पिता सतारा जिले में खाटव तालुके के कोरेगाँव में खजांची की नौकरी पर थे, वहाँ बंबई की सरकार अकाल पीड़ित किसानों को रोजगार देने के लिए तालाब खुदवा रही थी। अकाल से हजारों लोगों की मौत हो चुकी थी।

मेरे पिता जब कोरेगाँव गए तो मुझे, मेरे बड़े भाई और मेरी बड़ी बहन के दो बेटों को (बहन की मौत हो चुकी थी) मेरी काकी और कुछ सहृदय पड़ोसियों के जिम्मे छोड़ गए। मेरी काकी काफी भली थीं लेकिन हमारी खास मदद नहीं कर पाती थीं। वे कुछ नाटी थीं और उनके पैरों में तकलीफ थी, जिससे वे बिना किसी सहारे के चल-फिर नहीं पाती थीं। अक्सर उन्हें

उठा कर ले जाना पड़ता था। मेरी बहनें भी थीं। उनकी शादी हो चुकी थी और वे अपने परिवार के साथ कुछ दूर पर रहती थीं।

खाना पकाना हमारे लिए एक समस्या थी। खासकर इसलिए कि हमारी काकी शारीरिक असहायता के कारण काम नहीं कर पाती थीं। हम चार बच्चे स्कूल भी जाते थे और खाना भी पकाते थे। लेकिन हम रोटी नहीं बना पा थे इसलिए पुलाव से काम चलाते थे। वह बनाना सबसे असान था क्योंकि चावल और गोश्त मिलाने से ज्यादा इसमें कुछ नहीं करना पड़ता था।

मेरे पिता खजांची थे इसलिए हमें देखने के लिए सतारा से आना उनके लिए संभव नहीं हो पाता था। इसलिए उन्होंने चिट्ठी लिखी कि हम गर्मियों की छुट्टियों में कारेगाँव आ जाएँ। हम बच्चे यह सोचकर ही काफी उत्तेजित हो गए, क्योंकि तब तक हममें से किसी ने भी रेलगाड़ी नहीं देखी थी।

भारी तैयारी हुई। सफर के लिए अंग्रेजी स्टाइल के नए कुर्ते, रंग-बिरंगी नक्काशीदार टोपी, नए जूते, नई रेशमी किनारी वाली धोती खरीदी गई। मेरे पिता ने यात्रा का पूरा ब्यौरा लिखकर भेजा था और कहा था कि कब चलोगे यह लिख भेजना ताकि वे रेलवे स्टेशन पर अपने चपरासी को भेज दें जो हमें कोरेगाँव तक ले जाएगा। इसी इंतजाम के साथ मैं, मेरा भाई और मेरी बहन का बेटा सतारा के लिए चल पड़े। काकी को पड़ोसियों के सहारे छोड़ आ जिन्होंने उनकी देखभाल का वायदा किया था।

रेलवे स्टेशन हमारे घर से दस मील दूर था इसलिए स्टेशन तक जाने के लिए ताँगा किया गया। हम नए कपड़े पहन कर खुशी में झूमते हुए घर से निकले लेकिन काकी हमारी विदाई पर अपना दुख रोक नहीं सकीं और जोर- जोर से रोने लगीं।

हम स्टेशन पहुँचे तो मेरा भाई टिकट ले आया और उसने मुझे व बहन के बेटे को रास्ते में खर्च करने के लिए दो-दो आना दिए। हम फौरन शाहखर्च हो गए और पहले नींबू-पानी की बोतल खरीदी। कुछ देर बाद गाड़ी ने सीटी बजाई तो हम जल्दी-जल्दी चढ़ गए, ताकि कहीं छूट न जाएँ। हमें कहा गया था कि मसूर में उतरना है, जो कोरेगाँव क सबसे नजदीकी स्टेशन है।

ट्रेन शाम को पाँच बजे मसूर में पहुँची और हम अपने सामान के साथ उतर गए। कुछ ही मिनटों में ट्रेन से उतरे सभी लोग अपने ठिकाने की ओर चले गए। हम चार बच्चे प्लेटफार्म पर बच गए। हम अपने पिता या उनके चपरासी का इंतजार कर रहे थे। काफी देर बाद भी कोई नहीं आया। घंटा भर बीतने लगा तो स्टेशन मास्टर हमारे पास आया। उसने हमारा टिकट देखा और पूछा कि तुम लोग क्यों रुके हो। हमने उन्हें बताया कि हमें कोरेगाँव जाना है और हम अपने पिता या उनके चपरासी का इंतजार कर रहे हैं। हम नहीं जानते कि कोरेगाँव कैसे पहुँचेंगे। हमने कपड़े-लत्ते अच्छे पहने हुए थे और हमारी बातचीत से भी कोई नहीं पकड़ सकता था कि हम अछूतों के बच्चे हैं। इसलिए स्टेशन मास्टर को यकीन हो गया था कि हम ब्राह्मणों के बच्चे हैं। वे हमारी परेशानी से काफी दुखी हुए।

लेकिन हिंदुओं में जैसा आम तौर पर हो ता है, स्टेशन मास्टर पूछ बैठा कि हम कौन हैं। मैंने बिना कुछ सोचे- समझे तपाक से कह दिया कि हम महार हैं (बंबई प्रसिडेंसी में महार अछूत माने जाते हैं)। वह दंग रह गया। अचानक उसके चेहरे के भाव बदलने लगे। हम उसके चेहरे पर वितृष्णा का भाव साफ-साफ देख सकते थे। वह फौरन अपने कमरे की ओर चला गया और हम वहीं पर खड़े रहे। बीस-पच्चीस मिनट बीत गए, सूरज डूबने ही वाला था। हम हैरान-परेशान थे। यात्रा के शुरुआत वाली हमारी खुशी काफूर हो चुकी थी। हम उदास हो गए। आधे घंटे बाद स्टेशन मास्टर लौटा और उसने

हमसे पूछा कि तुम लोग क्या करना चाहते हो। हमने कहा कि अगर कोई बैलगाड़ी किराए पर मिल जाए तो हम कोरेगाँव चले जाएँगे, और अगर बहुत दूर न हो तो पैदल भी जा सकते हैं। वहाँ किराए पर जाने के लिए कई बैलगाड़ियाँ थीं लेकिन स्टेशन मास्टर से मेरा महार कहना गाड़ीवानों को सुनाई पड़ गया था और कोई भी अछूत को ले जाकर अपवित्र होने को तैयार नहीं था । हम दूना किराया देने को तैयार थे लेकिन पैसों का लालच भी काम नहीं कर रहा था ।

हमारी ओर से बात कर रहे स्टेशन मास्टर को समझ में नहीं आ रहा था कि क्या करे । अचानक उसके दिमाग में कोई बात आई और उसने हमसे पूछा, 'क्या तुम लोग गाड़ी हाँक सकते हो?" हम फौरन बोल पड़े, 'हाँ, हम हाँक सकते हैं।' यह सुनकर वह गाड़ीवानों के पास गया और उनसे कहा कि तुम्हें दोगुना किराया मिलेगा और गाड़ी वे खुद चलाएँगे। गाड़ीवान खुद गाड़ी के साथ पैदल चलता रहे। एक गाड़ीवान राजी हो गया। उसे दूना किराया मिल रहा था और वह अपवित्र होने से भी बचा रहेगा।

शाम करीब 6.30 बजे हम चलने को तैयार हुए। लेकिन हमारी चिंता यह थी कि यह आश्वस्त होने के बाद ही स्टेशन छोड़ा जाए कि हम अँधेरे के पहले कोरेगाँव पहुँच जाएँगे। हमने गाड़ीवान से पूछा कि कोरेगाँव कितनी दूर है और कितनी देर में पहुँच जाएँगे। उसने बताया कि तीन घंटे से ज्यादा नहीं लगेगा । उसकी बात पर यकीन करके हमने अपना सामान गाड़ी पर रखा और स्टेशन मास्टर को शुक्रिया कहकर गाड़ी में चढ़ गए। हममें से एक ने गाड़ी सँभाली और हम चल पड़े। गाड़ीवान बगल में पैदल चल रहा था।

स्टेशन से कुछ दूरी पर एक नदी थी। बिलकुल सूखी हुई, उसमें कहीं-कहीं पानी के छोटे-छोटे गड्ढे थे। गाड़ीवान ने कहा कि हमें यहाँ रुककर खाना खा लेना चाहिए, वरना रास्ते में कहीं पानी नहीं मिलेगा । हम राजी हो गए।

उसने किराए का एक हिस्सा माँगा ताकि बगल के गाँव में जाकर खाना खा आए। मेरे भाई ने उसे कुछ पैसे दिए और वह जल्दी आने का वादा करके चला गया। हमें भूख लगी थी। काकी ने पड़ोसी औरतों से हमारे लिए रास्ते के लिए कुछ अच्छा भोजन बनवा दिया था। हमने टिफिन बॉक्स खोला और खाने लगे।

अब हमें पानी चाहिए था। हममें से एक नदी वाले पानी के गड्ढे की ओर गया। लेकिन उसमें से तो गाय-बैल के गोबर और पेशाब की बदबू आ रही थी। पानी के बिना हमने आधे पेट खाकर ही टिफिन बंद कर दिया और गाड़ीवान का इंतजार करने लगे। काफी देर तक वह नहीं आया। हम चारों ओर उसे देख रहे थे।

आखिरकार वह आया और हम आगे बढ़े। चार-पाँच मील हम चले होंगे कि अचानक गाड़ीवान कूदकर गाड़ी पर बैठ गया और गाड़ी हाँकने लगा। हम चकित थे कि यह वही आदमी है जो अपवित्र होने के डर से गाड़ी में नहीं बैठ रहा था लेकिन उससे कुछ पूछने की हिम्मत हम नहीं कर पाए। हम बस जल्दी से जल्दी कारेगाँव पहुँचना चाहते थे।

लेकिन जल्दी ही अँधेरा छा गया। रास्ता नहीं दिख रहा था। कोई आदमी या पशु भी नजर नहीं आ रहा था। हम डर गए। तीन घंटे से ज्यादा हो गए थे। लेकिन कोरेगाँव का कहीं नामोनिशान तक नहीं था। तभी हमारे मन में यह डर पैदा हुआ कि कहीं यह गाड़ीवान हमें ऐसी जगह तो नहीं ले जा रहा है कि हमें मारकर हमारा सामान लूट ले | हमारे पास सोने के गहने भी थे। हम उससे पूछने लगे कि कोरेगाँव और कितना दूर है। वह कहता जा रहा था, 'ज्यादा दूर नहीं है, जल्दी ही पहुँच जाएँगे। रात दस बज चुके थे। हम डर के मारे सुबकने लगे और गाड़ीवान को कोसने लगे। उसने कोई जवाब नहीं दिया।

अचानक हमें कुछ दूर पर एक बत्ती जलती दिखाई दी। गाड़ीवान ने कहा, 'वह देखो, चुंगी वाले की बत्ती है। रात में हम वहीं रुकेंगे। हमें कुछ राहत महसूस हुई। आखिर दो घटे में हम चुंगी वाले की झोपड़ी तक पहुँचे।

यह एक पहाड़ी की तलहटी में उसके दूसरी ओर स्थित थी। वहाँ पहुँचकर हमने पाया कि बड़ी संख्या में बैलगाड़ियाँ गुम भूखे थे और खाना खाना चाहते थे लेकिन पानी नहीं था। हमने गाड़ीवान से पूछा कि कहीं पानी मिल जाएगा। उसने हमें चेताया कि चुंगी वाला हिंदू है और अगर हमने सच बोल दिया कि हम महार हैं तो पानी नहीं मिल पाएगा। उसने कहा, 'कहो कि तुम मुसलमान हो और अपनी तकदीर आजमा लो।'

उसकी सलाह पर मैं चुंगी वाले की झोपड़ी में गया और पूछा कि थोड़ा पानी मिल जाएगा। उसने पूछा, 'कौन हो? मुसलमान हैं। मैंने उससे उर्दू में बात की जो मुझे अच्छी आती थी। लेकिन यह चालाकी काम आई। उसने रुखाई से कहा, 'तुम्हारे लिए यहाँ पानी किसने रखा है? पहाड़ी पर पानी है जाओ वहाँ से ले आओ। मैं अपना-सा मुँह लेकर गाड़ी के पास लौट आया। मेरे भाई ने सुना तो कहा कि चलो सो जाओ।

बैल खोल दिए गए और गाड़ी जमीन पर रख दी गई। हमने गाड़ी के निचले हिस्से में बिस्तर डाला और जैसे-तैसे लेट गए। मेरे दिमाग में चल रहा था कि हमारे पास भोजन काफी है, भूख के मारे हमारे पेट में चूहे दौड़ रहे हैं लेकिन पानी के बिना हमें भूखे सोना पड़ रहा है और पानी इसलिए नहीं मिल सका क्योंकि हम अछूत हैं। मैं यही सोच रहा था कि मेरे भाई के मन में एक आशंका उभर आई। उसने कहा कि हमें एक साथ नहीं सोना चाहिए, कुछ हो सकता है इसलिए एक बार में दो लोग सोएँगे और दो लोग जागेंगे। इस तरह पहाड़ी के नीचे हमारी रात कटी।

तड़के पाँच बजे गाड़ीवान आया और कहने लगा कि हमें कारेगाँव के लिए चल देना चाहिए। हमने मना कर दिया और उससे आठ बजे चलने को कहा। हम कोई जोखिम नहीं उठाना चाहते थे। वह कुछ नहीं बोला। आखिर हम आठ बजे चले और 11 बजे कोरेगाँव पहुँचे। मेरे पिता हम लोगों को देखकर हैरान थे। उन्होंने बताया कि उन्हें हमारे आने की कोई सूचना नहीं मिली थी । हमने कहा कि हमने चिट्ठी भेजी थी। बाद में पता चला कि मेरे पिता के चिट्ठी मिली थी लेकिन वह उन्हें देना भूल गया ।

इस घटना की मेरे जीवन में काफी अहमियत है । मैं तब नौ साल का था। इस घटना की मेरे दिमाग पर अमिट छाप पड़ी। इसके पहले भी मैं जानता था कि मैं अछूत हूँ और अछूतों को कुछ अपमान और भेदभाव सहना पड़ता है। मसलन, स्कूल में मैं अपने बराबरी के साथियों के साथ नहीं बैठ सकता था। मुझे एक कोने में अकेले बैठना पड़ता था। मैं यह भी जानता था कि मैं अपने बैठने के लिए एक बोरा रखता था और स्कूल की सफाई करने वाला नौकर वह बोरा नहीं छूता था क्योंकि मैं अछूत हूँ। मैं बोरा रोज घर लेकर जाता और अगले दिन लाता था।

स्कूल में मैं यह भी जानता था कि ऊँची जाति के लड़कों को जब प्यास लगती तो वे मास्टर से पूछकर नल पर जाते और अपनी प्यास बुझा लेते थे। पर मेरी बात अलग थी। मैं नल को छू नहीं सकता था। इसलिए मास्टर की इजाजत के बाद चपरासी का होना जरूरी था। अगर चपरासी नहीं है तो मुझे प्यासा ही रहना पड़ता था।

घर में भी कपड़े मेरी बहन धोती थी । सतारा में धोबी नहीं थे, ऐसा नहीं था । हमारे पास धोबी को देने के लिए पैसे नहीं हो, ऐसी बात भी नहीं थी । हमारी बहन को कपड़े इसलिए धोने पड़ते थे क्योंकि हम अछूतों का कपड़ा कोई धोबी धोता नहीं था। हमारे बाल भी मेरी बड़ी बहन काटती थी क्योंकि कोई नाई हम अछूतों के बाल नहीं कटता था।

मैं यह सब जानता था। लेकिन उस घटना से मुझे ऐसा झटका लगा जो मैंने पहले कभी महसूस नहीं किया था। उसी से मैं छुआछूत के बारे में सोचने लगा। उस घटना के पहले तक मेरे लिए सब कुछ सामान्य सा था, जैसा कि सवर्ण हिंदुओं और अछूतों के साथ आम तौर पर होता है।

२

पश्चिम से लौटकर आने के बाद बड़ौदा में रहने की जगह नहीं मिली

पश्चिम से मैं 1916 में भारत लौट आया। महाराजा बड़ौदा की बदौलत मैं अमरीका उच्च शिक्षा प्राप्त करने गया । मैंने कोलंबिया विश्वविद्यालय न्यूयार्क में 1913 से 1917 तक पढ़ाई की। 1917 में मैं लंदन गया। मैंने लंदन विश्वविद्यालय के स्कूल ऑफ इकोनोमिक्स में परास्नातक में दाखिला लिया। 1918 में मुझे अपनी अधूरी पढ़ाई छोड़कर भारत आना पड़ा। चूँकि मेरी पढ़ाई का खर्चा बड़ौदा स्टेट ने उठाया था इसलिए उसकी सेवा करने के लिए मैं मजबूर था। (इसमें जो तारीखें लिखी हैं वो थोड़ी स्पष्ट नहीं है) इसीलिए वापस आने के बाद मैं स्टेट गया। किन वजहों से मैंने वड़ौदा स्टेट छोड़ा उनका मेरे आज के उद्देश्य से कोई संबंध नहीं है और इसीलिए यहाँ मैं उस बात में नहीं जाना चाहता हूँ। मैं सिर्फ बड़ौदा में मुझे किस तरह के सामाजिक अनुभव हुए उसी पर बात करूँगा और उसी को विस्तार से बताने तक खुद को सीमित रखूँगा ।

यूरोप और अमरीका में पाँच साल के प्रवास ने मेरे भीतर से ये भाव मिटा दिया कि मैं अछूत हूँ और यह कि भारत छू जाता है तो वो खुद अपने और दूसरों के लिए समस्या होता है। जब मैं स्टेशन से बाहर आया तो मेरे दिमाग में अब एक ही सवाल हावी था कि मैं कहाँ जाऊँ, मुझे कौन रखेगा। मैं बहुत गहराई तक परेशान था। हिंदू होटल जिन्हें विशिष्ट कहा जाता था, को मैं पहले से ही जानता था । वे मुझे नहीं रखेंगे । वहाँ रहने का एकमात्र तरीका था कि मैं झूठ बोलूँ। लेकिन मैं इसके लिए तैयार नहीं था। क्योंकि मैं अच्छे से जानता था कि अगर मेरा झूठ पकड़ा गया तो उसके क्या परिणाम

होंगे। वो पहले से नियत थे। मेरे कुछ मित्र बड़ौदा के थे जो अमरीका पढ़ाई करने गए थे। अगर मैं उनके यहाँ गया तो क्या वो मेरा स्वागत करेंगे ।

मैं खुद को आश्वस्त नहीं कर सका। हो सकता है कि एक अछूत को अपने घर में बुलाने पर वे शर्मिंदा महसूस करें। मैं थोड़ी देर तक कि इसी पशोपेश में स्टेशन पर खड़ा रहा। फिर मुझे सूझा कि पता करूँ कि कैंप में कोई जगह है। तब तक सारे यात्री जा चुके थे। मैं अकेले बच गया था। कुछ एक गाड़ी वाले जिन्हे अब तलक कोई सवारी नहीं मिली थी वो मुझे देख रहे थे और मेरा इंतजार कर रहे थे। मैंने उनमें से एक को बुलाया और पता किया कि क्या कैंप के पास कोई होटल है। उसने बताया कि एक पारसी सराय है और वो पैसा लेकर ठहरने देते हैं। पारसी लोगों द्वारा ठहरने की व्यवस्था होने की बात सुनकर मेरा मन खुश हो गया। पारसी जोरास्ट्रियन धर्म को मानने वाले लोग होते हैं। उनके धर्म में छुआछूत के लिए कोई जगह नहीं है, इसलिए उनके द्वारा अछूत होने का भेदभाव होने कोई डर नहीं था। मैंने गाड़ी में अपना बैग रख दिया और ड्राइवर से पारसी सराय में ले चलने के लिए कह दिया।

यह एक दोमंजिला सराय थी। नीचे एक बुजुर्ग पारसी और उनका परिवार रहता था। वो ही इसकी देखरेख करते थे और जो लोग रुकने आते थे उनके खान-पान की व्यवस्था करते थे। गाड़ी पहुँची। पारसी केयरटेकर ने मुझे ऊपर ले जाकर कमरा दिखाया। मैं ऊपर गया। इस बीच गाड़ीवान ने मेरा सामान लाकर रख दिया। मैंने उसको पैसे देकर विदा कर दिया। मैं प्रसन्न था कि मेरे ठहरने की समस्या का समाधान हो गया। मैं कपड़े खोल रहा था। थोड़ा सा आराम करना चाहता था। इसी बीच केयरटेकर एक किताब लेकर ऊपर आया । उसने जब मुझे देखा कि मैंने सदरी और धोती जो कि खास पारसी लोगों के कपड़े पहनने का तरीका है, नहीं पहना है तो उसने तीखी आवाज में मुझसे मेरी पहचान पूछी।

मुझे मालूम नहीं था कि यह पारसी सराय सिर्फ पारसी समुदाय के लोगों के लिए थी। मैंने बता दिया कि मैं हिंदू हूँ। वो अचंभित था और उसने सीधे कह दिया कि मैं वहाँ नहीं ठहर सकता। मैं सकते में आ गया और पूरी तरह शांत रहा। फिर वही सवाल मेरी ओर लौट आया कि कहाँ जाऊँ। मैंने खुद को सँभालते हुए कहा कि मैं भले ही हिंदू हूँ लेकिन अगर उन्हे कोई परेशानी नहीं है तो मुझे यहाँ ठहरने में कोई दिक्कत नहीं है। उसने जवाब दिया कि "तुम यहाँ कैसे ठहर सकते हो मुझे सराय में ठहरने वालों का ब्यौरा रजिस्टर में दर्ज करना पड़ता है " मुझे उनकी परेशानी समझ में आ रही थी। मैंने कहा कि मैं रजिस्टर में दर्ज करने के लिए कोई पारसी नाम रख सकता हूँ। 'तुम्हे इसमें क्या दिक्कत है अगर मुझे नहीं है तो। तुम्हे कुछ नहीं खोना पड़ेगा बल्कि तुम तो कुछ पैसे ही कमाओगे।'

मैं समझ रहा था कि वो पिघल रहा है। वैसे भी उसके पास बहुत समय से कोई यात्री नहीं आया था और वो थोड़ा कमाई का मौका नहीं छोड़ना चाहता था। वो इस शर्त पर तैयार हो गया कि मैं उसको डेढ़ रुपये ठहरने और खाने का दूँगा और रजिस्टर में पारसी नाम लिखवाऊँगा। वो नीचे गया और मैंने राहत की साँस ली। समस्या का हल हो गया था। मैं बहुत खुश था। लेकिन आह, तब तक मैं यह नहीं जानता था कि मेरी यह खुशी कितनी क्षणिक है। लेकिन इससे पहले कि मैं इस सराय वाले किस्से का दुखद अंत बताऊँ, उससे पहले मैं बताऊँगा कि इस छोटे से अंतराल के दौरान मैं वहाँ कैसे रहा।

इस सराय की पहली मंजिल पर एक छोटा कमरा और उसी से जुड़ा हुआ स्नान घर था, जिसमें नल लगा था। उसके अलावा एक बड़ा हाल था। जब तक मैं वहाँ रहा बड़ा हाल हमेशा टूटी कुर्सियों और बेंच जैसे कबाड़ से भरा रहा। इसी सब के बीच मैं अकेले यहाँ रहा। केयरटेकर सुबह एक कप चाय लेकर आता था। फिर वो दोबारा 9.30 बजे मेरा नाश्ता या सुबह का

कुछ खाने के लिए लेकर आता था। और तीसरी बार वो 8.30 बजे रात का खाना लेकर आता था। केयरटेकर तभी आता था जब बहुत जरूरी हो जाता था और इनमें से किसी भी मौके पर वो मुझसे बात करने से बचता था। खैर किसी तरह से ये दिन बीते।

महाराजा बड़ौदा की ओर से महालेखागार आफिस में मेरी प्रशिक्षु की नियुक्ति हो गई। मैं ऑफिस जाने के लिए सराय को दस बजे छोड़ देता था और रात को तकरीबन आठ बजे लौटता था और जितना हो सके कंपनी के दोस्तों के साथ समय व्यतीत करता था। सराय में वापस लौट के रात बिताने का विचार ही मुझे डराने लगता था। मैं वहाँ सिर्फ इसलिए लौटता था क्योंकि इस आकाश तले मुझे कोई और ठौर नहीं था। ऊपर वाली मंजिल के बड़े कमरे में कोई भी दूसरा इनसान नहीं था जिससे मैं कुछ बात कर पाता। मैं बिल्कुल अकेला था। पूरा हाल घुप्प अँधेरे मे रहता था। वहाँ कोई बिजली का बल्ब, यहाँ तक कि तेल की बत्ती तक नहीं थी जिससे अँधेरा थोड़ा कम लगता। केयरटेकर मेरे इस्तेमाल के लिए एक छोटा सा दिया लेकर आता था जिसकी रोशनी बमुश्किल कुछ इंच तक ही जाती थी।

मुझे लगता था कि मुझे सजा मिली है। मैं किसी इनसान से बात करने की लिए तड़पता था। लेकिन वहाँ कोई नहीं था। आदमी न होने की वजह से मैंने किताबों का साथ लिया और उन्हें पढ़ता गया, पढ़ता गया। मैं पढ़ने में इतना डूब गया कि अपनी तनहाई भूल गया। लेकिन उड़ते चमगादड़, जिनके लिए वह हॉल उनका घर था, कि चेंचें की आवाजें अक्सर ही मेरे दिमाग को उधर खींच देते थे। मेरे भीतर तक सिहरन दौड़ जाती थी और जो बात मैं भूलने की कोशिश कर रहा था वो मुझे फिर से याद आ जाती थी कि मैं एक अजनबी परिस्थिति में एक अजनबी जगह पर हूँ।

कई बार मैं बहुत गुस्से में भर जाता था। फिर मैं अपने दुख और गुस्से को इस भाव से समझाता था कि भले ही ये जेल थी लेकिन यह एक ठिकाना

तो है। कोई जगह न होने से अच्छा है, कोई जगह होना। मेरी हालत इस कदर खराब थी कि जब मेरी बहन का बेटा बंबई से मेरा बचा हुआ सामान लेकर आया और उसने मेरी हालत देखी तो वह इतनी जोर-जोर से रोने लगा कि मुझे तुरंत उसे वापस भेजना पड़ा। इस हालत में मैं पारसी सराय में एक पारसी बन कर रहा।

मैं जानता था कि मैं यह नाटक ज्यादा दिन नहीं कर सकता और मुझे किसी दिन पहचान लिया जाएगा। इसलिए मैं सरकारी बंगला पाने की कोशिश कर रहा था। लेकिन प्रधानमंत्री ने मेरी याचिका पर उस गहराई से ध्यान नहीं दिया जैसी मुझे जरूरत थी। मेरी याचिका एक अफसर से दूसरे अफसर तक जाती रही इससे पहले कि मुझे निश्चित उत्तर मिलता मेरे लिए वह भयावह दिन आ गया। वो उस सराय में ग्यारहवाँ दिन था। मैंने सुबह का नाश्ता कर लिया था और तैयार हो गया था और कमरे से आफिस के लिए निकलने ही वाला था। दरअसल रात भर के लिए जो किताबें मैंने पुस्तकालय से उधार ली थी उनको उठा रहा था कि तभी मैंने सीढ़ी पर कई लोगों के आने की आवाजें सुनी। मुझे लगा कि यात्री ठहरने के लिए आए हैं और मैं उन मित्रों को देखने के लिए उठा। तभी मैंने दर्जनों गुस्से में भरे लंबे, मजबूत पारसी लोगों को देखा। सबके हाथ में डंडे थे वो मेरे कमरे की ओर आ रहे थे। मैंने समझ लिया कि ये यात्री नहीं हैं और इसका सबूत उन्होंने तुरंत भी दिया।

वे सभी लोग मेरे कमरे में इकट्ठा हो गए और उन्होंने मेरे ऊपर सवालों की बौछार कर दी। "कौन हो तुम। तुम यहाँ क्यों आए हो, बदमाश आदमी तुमने पारसी सराय को गंदा कर दिया।" मैं खामोश खड़ा रहा। मैं कोई उत्तर नहीं दे सका। मैं इस झूठ को ठीक नहीं कह सका। यह वास्तव में एक धोखा था और यह धोखा पकड़ा गया। मैं यह जनता था कि अगर मैं इस खेल को इस कट्टर पारसी भीड़ के आगे जारी रखता तो ये मेरी जान ले कर

छोड़ते। मेरी चुप्पी और खामोशी ने मुझे इस अंजाम तक पहुँचने से बचा लिया। एक ने मुझसे कमरा कब खाली करूँगा पूछा।

उस समय सराय के बदले मेरी जिंदगी दाँव पर लगी थी। इस सवाल के साथ गंभीर धमकी छिपी थी। खैर मैंने अपनी चुप्पी ये सोचते हुए तोड़ी कि एक हफ्ते में मंत्री मेरी बंगले की दरख्वास्त मंजूर कर लेगा और उनसे विनती की कि मुझे एक हफ्ता और रहने दो। लेकिन पारसी कुछ भी सुनने के लिए तैयार नहीं थे। उन्होंने अंतिम चेतावनी दी कि मैं उन्हें शाम तक सराय में नजर न आऊँ। मुझे निकलना ही होगा। उन्होंने गंभीर परिणाम भुगतने के लिए तैयार रहने को कहा और चले गए। मुझे कुछ नहीं सूझ रहा था। मेरा दिल बैठ गया था। मैं बड़बड़ाता रहा और फूट-फूट के रोया। अंततः मैं अपनी कीमती जगह, जी हाँ मेरे रहने के ठिकाने से वंचित हो गया। वो जेलखाने से ज्यादा अच्छा नहीं था। लेकिन फिर भी वो मेरे लिए कीमती था।

पारसियों के जाने के बाद मैं बैठकर किसी और रास्ते के बारे में सोचने लगा। मुझे उम्मीद थी कि जल्दी ही मुझे सरकारी बंगला मिल जाएगा और मेरी मुश्किलें दूर हो जाएगी। मेरी समस्याएँ तात्कालिक थीं और दोस्तों के पास इसका कोई उपाय मिल सकता था। बड़ौदा में मेरा कोई अछूत मित्र नहीं था। लेकिन दूसरी जाति के मित्र थे। एक हिंदू था दूसरा क्रिश्चियन था। पहले मैं अपने हिंदू मित्र के यहाँ गया और बताया कि मेरे ऊपर क्या मुसीबत आ पड़ी है। वह बहुत अच्छे दिल का था और मेरा बहुत करीबी दोस्त था। वह उदास और गुस्सा हुआ। फिर उसने एक बात की ओर इशारा किया कि अगर तुम मेरे घर आए तो मेरे नौकर चले जायेंगे। मैंने उसके आशय को समझा और उससे अपने घर में ठहराने के लिए नहीं कहा।

मैंने क्रिश्चियन मित्र के यहाँ जाना उचित नहीं समझा। एक बार उसने मुझे अपने घर रुकने का न्योता दिया था। तब मैंने पारसी सराय में रुकना सही

समझा था। दरअसल न जाने का कारण हमारी आदतें अलग होना था। अब जाना बेइज्जती करवाने जैसा था। इसलिए मैं अपने आफिस चला गया। लेकिन मैंने वहाँ जाने का विचार छोड़ा अनेक मत्र से बात करने के बाद मैंने अपने (भारतीय क्रिश्चियन) मित्र से फिर पूछा कि क्या वो अपने यहाँ मुझे रख सकता है। जब मैंने यह सवाल किया तो बदले में उसने कहा कि उसकी पत्नी कल बड़ौदा आ रही है उससे पूछ कर बताएगा।

मैं समझ गया कि यह एक चालाकी भरा जवाब है। वो और उसकी पत्नी मूलतः एक ब्राह्मण परिवार के थे। क्रिश्चियन होने के बाद भी पति तो उदार हुआ लेकिन पत्नी अभी भी कट्टर थी और किसी अछूत को घर में नहीं ठहरने दे सकती थी। उम्मीद की यह किरण भी बुझ गई। उस समय शाम चार बज रहे थे जब मैं भारतीय क्रिश्चियन मित्र के घर से निकला था । कहाँ जाऊँ, मेरे लिए विराट सवाल था । मुझे सराय छोड़नी ही थी लेकिन हा हाँ मैं जा सकता था। केवल एक विकल्प था, बंबई वापस लौटने का ।

बड़ौदा से बंबई की रेलगाड़ी नौ बजे रात को थी । पाँच घंटे बिताने थे, उनको कहाँ बिताऊँ, क्या सराय में जाना चाहिए, क्या दोस्तों के यहाँ जाना चाहिए। मैं सराय में वापस जाने का साहस नहीं जुटा पाया। मुझे डर था कि पारसी फिर से इकट्ठा होकर मेरे ऊपर आक्रमण कर देंगे। मैं अपने मित्रों के यहाँ नहीं गया। भले ही मेरी हालत बहुत दयनीय थी लेकिन मैं दया का पात्र नहीं बनना चाहता था। मैंने शहर के किनारे स्थित कमाथी बाग सरकारी बाग में समय बिताना तय किया। मैं वहाँ कुछ अनमनस्क भाव से बैठा और कुछ इस उदासी से कि मेरे साथ यह क्या घटा। मैंने अपने माता-पिता के बारे में और जब हम बच्चे थे और जब खराब दिन थे, उनके बारे में सोचा।

आठ बजे रात को मैं बाग से बाहर आया और सराय के लिए गाड़ी ली और अपना सामान लिया। न तो केयरटेकर और न ही मैं, दोनों ने एक-दूसरे

से कुछ भी नहीं कहा। वो कहीं न कहीं खुद को मेरी हालत के लिए जिम्मेदार मान रहा था। मैंने उसका बिल चुकाया। उसने खामोशी से उसको लिया और चुपचाप चला गया।

मैं बड़ौदा बड़ी उम्मीदों से गया था। उसके लिए कई दूसरे मौके ठुकराए थे। यह युद्ध का समय था। भारतीय सरकारी शिक्षण संस्थानों में कई पद रिक्त थे। मैं कई प्रभावशाली लोगों को लंदन में जानता था। लेकिन मैंने में से किसी की मदद नहीं ली । मैंने सोचा की मेरा पहला फर्ज महाराजा बड़ौदा के लिए अपनी सेवाएँ देना है। जिन्होंने मेरी शिक्षा का प्रबंध किया था। यहाँ मुझे कुल ग्यारह दिनों के भीतर बड़ौदा से बंबई जाने के लिए मजबूर होना पड़ा।

वह दृश्य जिसमें मुझे दर्जनों पारसी लोग डंडे लेकर मेरे सामने डराने वाले अंदाज में खड़े हैं और मैं उनके सामने भयभीत नजरों से दया की भीख माँगते खड़ा हूँ, वो 18 वर्षों बाद भी धूमिल नहीं हो सका। मैं आज भी उसे जस का तस याद कर सकता हूँ और ऐसा कभी नहीं हुआ होगा कि उस दिन को याद किया और आँखों में आँसू न आ गए हों। उस समय मैंने ये जाना था कि जो आदमी हिंदुओं के लिए अछूत है वो पारसियों के लिए भी अछूत है।

३
चालिसगाँव में आत्मसम्मान, गँवारपन और गंभीर दुर्घटना

यह बात 1929 की है। बंबई सरकार ने दलितों के मुद्दों की जाँच के लिए एक कमेटी गठित की। मैं उस कमेटी का एक सदस्य मनोनीत हुआ। इस कमेटी को हर तालुके में जाकर अत्याचार, अन्याय और अपराध की जाँच करनी थी। इसलिए कमेटी को बाँट दिया गया। मुझे और दूसरे सदस्य को खानदेश के दो जिलों में जाने का कार्यभा मिला। मैं और मेरे साथी काम खत्म करने के बाद अलग-अलग हो गए। वो किसी हिंदू संत को मिलने चला गया और मैं बंबई के लिए रेलगाड़ी पकड़ने निकल गया। मैं धूलिया लाइन पर चालिसगाँव के एक गाँव में एक कांड की जाँच के लिए उतर गया। यहाँ पर हिंदुओं ने अछूतों के खिलाफ सामाजिक बहिष्कार किया हुआ था।

चालिसगाँव के अछूत स्टेशन पर मेरे पास आ गए और उन्होंने अपने यहाँ रात रुकने का अनुरोध किया। मेरी मूल योजना सामाजिक बहिष्कार की घटना की जाँच करके सीधे जाने की थी । लेकिन वो लोग बहुत इच्छुक थे और मैं वहाँ रुकने के लिए तैयार हो गया। मैं गाँव जाने के लिए धूलिया की रेलगाड़ी में बैठ गया और घटना की जाँच की और अगली रेल से चालिसगाँव वापस आ गया।

मैंने देखा कि चालिसगाँव स्टेशन पर अछूत (दलित) मेरा इंतजार कर रहे हैं। मुझे फूलों की माला पहनाई गई। स्टेशन से महारवाड़ा अछूतों का घर दो

मील दूर था। वहाँ पहुचने के लिए एक नदी पार करनी पड़ती थी जिसके ऊपर एक नाला बना था। स्टेशन पर कई घोड़ागाड़ी किराए पर जाने के लिए उपलब्ध थी । महारवाड़ा पैदल की दूरी था। मैंने सोचा कि सीधे महारवाड़ा जाएँगे । लेकिन उस ओर कोई हलचल नहीं हो रही थी । मैं समझ नहीं पाया मुझे इंतजार क्यों करवाया जा रहा है।

तकरीबन एक घंटा इंतजार करने के बाद प्लेटफार्म पर एक घोड़ागाड़ी लाई गई और मैं बैठा । मैं और चालक गाड़ी पर सिर्फ दो लोग थे। दूसरे लोग नजदीक वाले रास्ते से पैदल चले गए। ताँगा मुश्किल से 200 गज चला होगा कि एक गाड़ी से तकरीबन भिड़ गया। मुझे बड़ी हैरत हुई क्योंकि चालक जो कि रोज ही ताँगा चलाता होगा इ नौसिखिया जैसा चला रहा था। यह दुर्घटना इसलिए टल गई कि पुलिसवाले के जोर से चिल्लाने से कारवाले ने गाड़ी पीछे कर लिया।

खैर हम किसी तरह नदी पर बने नाले की तरफ आ गए। उस पुल के किनारों पर कोई दीवार नहीं थी। कुछ पत्थर दस-पाँच फीट की दूरी पर लगाए गए थे। जमीन भी पथरीली थी । नदी पर बना नाला शहर की ओर था जिधर से हम लोग आ रहे थे। नाले से सड़क की ओर एक तीखा मोड़ लेना था।

नाले के पत्थर के पास घोड़ा सीधे न जाके तेजी से मुड़ गया और उछल पड़ा । ताँगे के पहिए किनारे लगे पत्थरों पर इस तरह फँस गए कि मैं उछल पड़ा और नाले की पथरीली जमीन पर गिर पड़ा। घोड़ा और गाड़ी नाले से सीधे नदी में जा गिरे।

मै इतना तेज गिरा कि अचेत हो गया। महारवाड़ा नदी के ठीक उस पार था। जो लोग स्टेशन पर मेरा स्वागत करने आए थे वो मुझसे पहले पहुँच गए थे। मुझे उठाकर रोते बिलखते बच्चों और स्त्री-पुरुषों के बीच से महारवाड़ा ले

जाया गया। मुझे कई चोटें आई थीं। मेरा पैर टूट गया था और मैं कई दिन तक चल फिर नहीं पाया। मैं समझ नहीं सका कि ये सब कुछ कैसे हुआ। ताँगा रोज उसी रास्ते से आता-जाता था और चालक से कभी इस तरह की गलती नहीं हुई।

पता करने पर मुझे सच्चाई बताई गई। स्टेशन पर देर इसलिए हुई क्योंकि कोई गाड़ीवान अछूत को अपनी गाड़ी के लिए तैयार नहीं था। उनकी शान के खिलाफ था। महार लोग यह बर्दाश्त नहीं कर सकते थे कि मैं उनके घर तक पैदल आऊँ । ये उनके लिए मेरी शान के खिलाफ था। उन्हें बीच का रास्ता मिला। वो बीच का रास्ता था कि ताँगे का मालिक अपना ताँगा किराए पर दे देगा लेकिन खुद नहीं चलाएगा। महार लोग ताँगा ले सकते थे।

महारों ने सोचा कि ये सही रहेगा। लेकिन वो भूल गए कि सवारी की गरिमा से ज्यादा उसकी सुरक्षा महत्वपूर्ण है। अगर उन्होंने इस पर सोचा होता तो वो भी देखते कि क्या वो ऐसा चालक ढूँढ़ सकते हैं जो सुरक्षित पहुँचा पाए। सच तो ये था कि उनमें से कोई भी गाड़ी चलाना नहीं जानता था क्योंकि ये उनका पेशा नहीं था। उन्होंने अपने में से किसी से गाड़ी चलाने के लिए पूछा। एक ने गाड़ी की लगाम यह सोच कर थाम ली कि इसमें कुछ नहीं रखा। जैसे ही मुझे बिठाया वो इतनी बड़ी जिम्मेदारी के बारे में सोच कर नर्वस हो गया और गाड़ी उसके काबू से बाहर हो गई।

मेरी शान के लिए चालिसगाँव के महार लोगों ने मेरी जिंदगी दाँव पर लगा दी। उस वक्त मैंने जाना कि एक हिंदू तांगेवाला भले ही वो खटने का काम करता हो, उसकी एक गरिमा है। वह खुद को एक ऐसा इनसान समझ जो किसी अछूत से ज्यादा ऊँचा है, इससे भी कोई फर्क नहीं पड़ता कि वो अछूत सरकारी वकील है।

४

दौलताबाद के किले में पानी को दूषित करना

यह 1934 की बात है, दलित तबके से आने वाले आंदोलन के मेरे कुछ साथियों ने मुझे साथ घूमने चलने के लिए कहा। मैं तैयार हो गया। ये तय हुआ कि हमारी योजना में कम से कम वेरूल की बौद्ध गुफाएँ शामिल हों। यह तय किया गया कि पहले मैं नासिक जाऊँगा वहाँ पर बाकि लोग मेरे साथ हो लेंगे। वेरूल जाने के बाद हमें औरंगाबाद जाना था। औरंगाबाद हैदराबाद का मुस्लिम राज्य था। यह हैदराबाद के महामहिम निजाम के इलाके में आता था।

औरंगाबाद के रास्ते में पहले हमें दौलताबाद नाम के कस्बे से गुजरना था। यह हैदराबाद राज्य का हिस्सा था। दौलताबाद एक ऐतिहासिक स्थान है और एक समय में यह प्रसिद्ध हिंदू राजा रामदेव राय की राजधानी थी। दौलताबाद का किला प्राचीन ऐतिहासिक इमारत है ऐसे में कोई भी यात्री उसे देखने का मौका नहीं छोड़ता। इसी तरह हमारी पार्टी के लोगों ने भी अपने कार्यक्रम में किले को देखना भी शामिल कर लिया।

हमने कुछ बस और यात्री कार किराए पर ली। हम लोग तकरीबन तीस लोग थे। हमने नासिक से येवला तक की यात्रा की। येवला औरंगाबाद के रास्ते में पड़ता है। हमारी यात्रा की घोषणा नहीं की गई थी। जाने-बुझे तरीके से चुपचाप योजना बनी थी। हम कोई बवाल नहीं खड़ा करना चाहते थे और उन परेशानियों से बचना चाहते थे जो एक अछूत को इस देश के दूसरे हिस्सों मे उठानी पड़ती है। हमने अपने लोगों को भी जिन जगहों पर

हमें रुकना था वही जगहें बताई थी। इसी के चलते निजाम राज्य के कई गाँवों से गुजरने के दौरान हमारे कोई लोग मिलने नहीं आए।

दौलताबाद में निश्चित ही अलग हुआ। वहाँ हमारे लोगों को पता था कि हम लोग आ रहे हैं। वो कस्बे के मुहाने पर कट्ठा होकर हमारा इंतजार कर रहे थे। उन्होंने हमें उतर कर चाय-नाश्ते के लिए कहा और दौलताबाद किला देखने का तय किया गया। हम उनके प्रस्ताव पर सहमत नहीं हुए। हमें चाय पीने का बहुत मन था लेकिन हम दौलताबाद किले को शाम होने से पहले ठीक से देखना चाहते थे । इसलिए हम लोग किले के लिए निकल पड़े और अपने लोगों से कहा कि वापसी में चाय पीएँगे। हमने ड्राइवर को चलने के लिए कहा और कुछ मिनटों में हम किले फाटक पर थे।

ये रमजान का महीना था जिसमें मुसलामान व्रत रखते हैं। फाटक के ठीक बाहर एक छोटा टैंक पानी से लबालब भरा था। उसके किनारे पत्थर का रास्ता भी बना था । यात्रा के दौरान हमारे चेहरे, शरीर, कपड़े धूल से भर गए थे। हम सब को हाथ-मुँह धोने का मन हुआ । बिना कुछ खास सोचे, हमारी पार्टी के कुछ सदस्यों ने अपने पत्थर वाले किनारे पर खड़े होकर हाथ-मुँह धोया। इसके बाद हम फाटक से किले के अंदर गए। वहाँ हथियारबंद सैनिक खड़े थे। उन्होंने बड़ा सा फाटक खोला और हमें सीधे आने दिया ।

हमने सुरक्षा सैनिकों से भीतर आने के तरीके के बारे में पूछा था कि किले के भीतर कैसे जाएँ। इसी दौरान एक बूढ़ा मुसलमान सफेद दाढ़ी लहराते हुए पीछे से चिल्लाते हुए आया, 'थेड़ (अछूत) तुमने टैंक का पानी गंदा कर दिया।' जल्दी ही कई जवान और बूढ़े मुसलमान जो आसपास थे उनमें शामिल हो गए और हमें गालियाँ देने लगे। थेड़ों का दिमाग खराब हो गया है । थेड़ों को अपना धर्म भूल गया है (कि उनकी औकात क्या है) थेड़ों को

सबक सिखाने की जरूरत है। उन्होंने डराने वाला रवैया अख्तियार कर लिया।

हमने बताया कि हम लोग बाहर से आए हैं और स्थानीय नियम नहीं जानते हैं। उन्होंने अपना गुस्सा स्थानीय अछूत लोगों पर निकालना शुरू कर दिया जो उस वक्त तक फाटक पर आ गए थे। तुम लोगों ने इन लोगों को क्यों या टैंक अछूत इस्तेमाल नहीं कर सकते हैं। ये सवाल वो लोग उनसे लगातार पूछने लगे। बेचारे लोग ये तो जब हम टैंक के पास थे तब तो वहाँ थे ही नहीं । यह पूरी तरह से हमारी गलती थी क्योंकि हमने किसी से पूछा भी नहीं था। स्थानीय अछूत लोगों ने विरोध जताया कि उन्हें नहीं पता था ।

लेकिन मुसलमान लोग हमारी बात सुनने को तैयार नहीं थे । वे हमें और उनको गाली देते जा रहे थे। वो इतनी खराब गालियाँ दे रहे थे कि हम भी बर्दाश्त नहीं कर पा रहे थे। वहाँ दंगे जैसे हालात बन गए थे और हत्या भी हो सकती थी। लेकिन हमें किसी भी तरह खुद पर नियंत्रण रखना था । हम ऐसा कोई आपराधिक मामला नहीं चाहते थे। जो हमारी यात्रा को अजीब तरीके से खतम कर दे।

भीड़ में से एक मुसलमान नौजवान लगातार बोले जा रहा था कि सबको अपना धर्म बताना है। इसका मतलब जो अछूत है वो टैंक से पानी नहीं ले सकता। मेरा धैर्य खत्म हो गया। मैंने थोड़े गुस्से में पूछा, क्या तुमको तुम्हारा धर्म यही सिखाता है। क्या तुम किसी अछूत को पानी लेने से रोक दोगे अगर वह मुसलमान बन जाए। इन सीधे सवालों से मुसलमानों पर कुछ असर होता हुआ दिखा। उन्होंने कोई उत्तर नहीं दिया और चुपचाप खड़े रहे।

सुरक्षा सैनिक की ओर मुड़ते हुए मैंने फिर से गुस्से में कहा, क्या हम इस किले में जा सकते हैं या नहीं। हमें बताओ और अगर हम नहीं जा सकते

तो हम यहाँ रुकना नहीं चाहते। सुरक्षा सैनिक ने मेरा नाम पूछा। मैंने एक कागज पर अपना नाम लिखकर दिया। वह उसे सुपरिटेंडेंट के पास भीतर ले गया और फिर बाहर आया। हमें बताया गया कि हम किले में जा सकते हैं लेकिन कहीं भी किले के भीतर पानी नहीं छू सकते हैं। और साथ में एक हथियार से लैस सैनिक भी भेजा गया ताकि वो देख सके कि हम उस आदेश का उल्लंघन तो नहीं कर रहे हैं।

पहले मैंने एक उदाहरण दिया था कि कैसे एक अछूत हिंदू पारसी के लिए भी अछूत होता है। जबकि यह उदाहरण दिखाता है कि कैसे एक अछूत हिंदू मुसलमान के लिए भी अछूत होता है।

५

डॉक्टर ने समुचित इलाज से मना किया जिससे युवा स्त्री की मौत हो गई

यह घटना भी आँखें खोलने वाली है। यह घटना काठियावाड़ में एक गाँव की अछूत स्कूल में पढ़ाने वाली शिक्षिका मिस्टर गांधी द्वारा प्रकाशित जनरल यंग इंडिया में यह गटना एक पत्र के माध्यम से 12 दिसंबर 1929 को सामने आई। इसमें लेखक ने अपने निजी अनुभव कि कैसे उसकी पत्नी जिसने अभी बच्चे को जन्म दिया था, हिंदू डॉक्टर के ठीक से उपचार नहीं करने के चलते मर गई । पत्र कहता है : इस महीने की पाँच तारीख को मेरा बच्चा हुआ था और सात तारीख को मेरी बीवी बीमार हो गई। उसको दस्त शुरू हो गई। उसकी नब्ज धीमी हो गई। और छाती फूलने लगी। उसको साँस लेने में तकलीफ होने लगी और पसलियों में तेज दर्द होने लगा। मैं एक डॉक्टर को बुलाने गया लेकिन उसने कहा कि वह एक हरिजन के घर नहीं जाएगा और न ही वह बच्चे को देखने के लिए तैयार हुआ। तब मैं वहाँ से नगर सेठ और गारिसाय दरबार गया और उनसे मदद की भीख माँगी। नगर सेठ ने आश्वासन दिया कि मैं डॉक्टर को दो रुपये दे दूँगा । तब जाकर डॉक्टर आया। लेकिन उसने इस शर्त पर मरीज को देखा कि वह हरिजन बस्ती के बाहर मरीज को देखेगा। मैं अपनी बीवी और नन्हें बच्चे को लेकर बस्ती के बाहर आया। तब डाक्टर ने अपना थर्मामीटर एक मुसलमान को दिया और उसने मुझे दिया। और मैंने अपनी फिर प्रक्रिया में थर्मामीटर वापस किया। यह तकरीबन रात के आठ बजे की बात है। बत्ती की रोशनी में थर्मामीटर को देखते हुए डॉक्टर ने कहा कि मरीज को निमोनिया हो गया है। उसके बाद डॉक्टर चला गया और दवाइयाँ भेजी। मैं

बाजार से कुछ लिनसीड खरीद कर ले आया और मरीज पर लगाया। बाद में डॉक्ट को देखने से इनकार कर दिया, जबकि मैंने उसको दो रुपये दिये थे। बीमारी खतरनाक थी अब केवल भगवान ही हमारी मदद कर सकता था। मेरी जिंदगी की लौ बुझ बुझ गई। आज दोपहर दो बजे उसकी मत्यु हो गई। "

उस अछूत शिक्षिका का नाम नहीं दिया हुआ है। और इसी तरह से डॉक्टर का भी नाम नहीं लिखा हुआ है। अछूत शिक्षक ने बदले की कार्यवाही के डर के कारण नाम नहीं दिया। लेकिन तथ्य एकदम सही हैं।

उसके लिए किसी स्पष्टीकरण की आवश्यकता नहीं है। पढ़ा-लिखा होने के बावजूद डाक्टर ने बुरी तरह से बीमार औरत को खुद थर्मामीटर लगाने से मना कर दिया और उसके मना करने के कारण ही औरत की मृत्यु हुई। उसके मन में बिलकुल भी उथल-पुथल नहीं हुई कि वह जिस पेशे से बँधा हुआ है उसके कुछ नियम कानून हैं। हिंदू किसी अछूत को छूने की बजाय अमानवीय होना पसंद करेंगे।

६

गाली-गलौज और धमकियों के बाद युवा क्लर्क को नौकरी छोड़नी पड़ी

इस बात को आगे कहने के लिए यह एक और घटना है। 6 मार्च 1938 को कासरवाड़ी (वुलेन मिल के पीछे), दादर बंबई में इंदु लाल यादनिक की अध्यक्षता में भंगी लोगों की एक बैठक हुई। इस बैठक में एक भंगी लड़के ने अपना अनुभव इन शब्दों में बयान किया :

मैंने 1933 में भाषा की अंतिम परीक्षा पास की। मैंने अंग्रेजी कक्षा चार तक पढ़ी थी। मैंने बंबई म्युनिसिपल पार्टी स्कूल कमेटी में शिक्षक के पद के लिए आवेदन किया। लेकिन वैकेंसी नहीं होने के चलते असफल रहा। फिर मैंने अहमदाबाद में पिछड़े वर्ग के अफसर के लिए तलाती पद (गाँव का पटवारी) के लिए आवेदन किया और सफल रहा। 19 फरवरी 1936 को मैं बारसाठ तालुका के खेड़ा जिले में मामलातदार के कार्यालय में तलाती पद पर नियुक्त हुआ। वैसे मेरा परिवार मूलतः गुजरात से आया था। लेकिन मैं इससे पहले कभी गुजरात नहीं गया था। मैं यहाँ पहली बार आया था। उसी तरह से मैं यह नहीं जानता था कि सरकारी दफ्तर में भी छुआछूत है। मेरे हरिजन होने की बात मेरे आवेदन में पहले से लिखी थी इसलिए मैं उम्मीद करता था कि मेरे सहकर्मियों को पहले पता होगा कि मैं कौन हूँ। इसीलिए मैं मामलातदार आफिस के क्लर्क के व्यवहार से हैरान रह गया जब मैं तलाती का पद सँभालने वहाँ पहुँचा।

कारकून ने बड़े ही घृणा से मुझसे पूछा, 'तुम कौन हो ।' मैंने जवाब दिया, 'सर मैं एक हरिजन हूँ।' उसने कहा, 'भाग जाओ, और दूर खड़े रहो, तुम्हारी हिम्मत कैसे हुई मेरे नजदीक आने की। अभी तुम ऑफिस में हो अगर तुम बाहर होते तो अब तक मैं तुम्हें छह लात मारता । हिम्मत तो देखो कि ये यहाँ नौकरी करने आया है। उसके बाद उसने मुझे कहा कि अपने सर्टिफिकेट और नियुक्ति का आदेश पत्र यहाँ जमीन पर रख दो।'

जब मैं बरसाड़ के मामलातदार ऑफिस में काम कर रहा था तो मुझे सबसे ज्यादा मुश्किल पानी पीने में होती थी। ऑफिस के बरामदे में पीने के पानी के डिब्बे रखे थे और वहाँ पर एक इन डिब्बों की जिम्मेदारी और पानी पिलाने के लिए आदमी रखा हुआ था। उसका काम ऑफिस के क्लर्कों के लिए जब भी उनकी जरूरत हो पानी पिलाना था। उसकी अनुपस्थिति में वे लोग खुद डिब्बे से जाकर पानी निकालकर पीते थे।

मेरे मामले में यह बिलकुल असंभव था। मैं उस डिब्बे को छू नहीं सकता था। मेरे छूते ही वह पानी दूषित हो जाता। इसीलिए मुझे पानी पिलाने वाले की दया पर निर्भर रहना पड़ता था। मेरे इस्तेमाल के लिए एक खराब सा बर्तन रखा था। जिसे मेरे सिवाय न कोई छूता था और न कोई धोता था । इसी बर्तन में पानी वाला मेरे लिए पानी देता था। लेकिन मैं पानी तभी ले सकता था जब वह पानी पिलाने वाला मौजूद हो । पानी पिलाने वाले को भी मुझे पानी देना पसंद नहीं था। जब मैं पानी पीने आ रहा होता था तो वह वहाँ से सरक लेता था। नतीजन मुझे बिना पानी पिए रहना पड़ता था। ऐसे एक-दो दिन नहीं थे बल्कि कई दिन थे जिसमें मुझे पानी नहीं मिलता था।

इसी तरह की दिक्कत मेरे ठहरने को लेकर भी थी। मैं बारसाड़ में अजनबी था। कोई भी हिंदू मुझे घर देने को तैयार नहीं था। बारसाड़ के अछूत भी अपने यहाँ ठहराने को तैयार नहीं थे। उन्हें भय था कि वो उन हिंदुओं को नाराज कर देंगे जिन्हें पसंद नहीं था कि मैं एक क्लर्क बनकर अपनी

हैसियत से ज्यादा रहूँ। सबसे ज्यादा तकलीफ मुझे खाने को लेकर हुई। ऐसी कोई जगह और ऐसा कोई आदमी नहीं था जो मुझे खाना दे सके। मैं सुबह-शाम भाजस खरीदकर गाँव के बाहर किसी सुनसान जगह पर खाता था। और रात को मामलातदार आफिस के बरामदे में आकर सोता था। इस तरीके से मैंने कुल चार दिन बिताए। यह सब कुछ मेरे लिए असहनीय हो गया। तब मैं अपने पूर्वजों के गाँव जंत्राल चला गया। यह बलसाढ़ से छह मील दूर था। हर दिन मुझे 11 मील पैदल चलना पड़ता था। यह सब मैंने कुल डेढ़ महीने किया। उसके बाद मामलातदार ने मुझे एक तलाती के पास काम सीखने के लिए भेज दिया। इस तलाती के पास तीन गाँव जंत्राल, खांपुर और सैजपुर का जिम्मा था। जंत्राल उसका मुख्यालय था। मैं जंत्राल में इस तलाती के साथ दो महीने रहा। उसने मुझे कुछ नहीं सिखाया। मैं एक बार भी गाँव के ऑफिस में नहीं गया। गाँव का मुखिया खासतौर पर मेरा विरोधी था। एक बार उसने कहा, 'तुम्हारे बाप-दादे गाँव के आफिस में झाड़ू-बुहारू करते थे और तुम अब हमारी बराबरी में बैठना चाहते हो। देख लो, बेहतर यह होगा कि नौकरी छोड़ दो।'

एक दिन तलती ने मुझे सैजपुर जनसंख्या सारिणी तैयार करने के लिए बुलाया। मैं जंत्राल से सैजपुर गया। मैंने देखा कि मुखिया और तलाती गाँव के आफिस में कुछ काम कर रहे हैं। मैं गया और ऑफिस के दरवाजे पर खड़ा हो गया और उन्हें नमस्कार किया। लेकिन उन्होंने कुछ भी ध्यान नहीं दिया। मैं वहाँ तकरीबन 15 मिनट खड़ा रहा। मैं इस जिंदगी से वैसे ही तंग आ गया था और इस अपमान और उपेक्षा से और क्षुब्ध हो गया। मैं वहाँ पास में पड़ी एक कुर्सी पर बैठ गया। मुझे कुर्सी पर बैठा देखकर मुखिया और तलाती मुझसे बिना कुछ कहे वहाँ से चले गए।

थोड़ी देर बाद वहाँ लोग आना शुरू हो गए। और जल्द ही एक बड़ी भीड़ मेरे इर्द-गिर्द इकट्ठा हो गई। इस भीड़ का नेतृत्व गाँव के पुस्तकालय का

पुस्तकालयाध्यक्ष कर रहा था । मैं समझ नहीं सका कि क्यों एक पढ़ा-लिखा आदमी इस भीड़ का नेतृत्व कर रहा है। मैं थोड़ी देर बाद समझा कि यह कुर्सी उसकी थी। वह मुझे बुरी तरह से गालियाँ दे रहा था। रवानियां (गाँव के नौकर) की ओर देखकर वह बोलने लगा इस गंदे भंगी कुत्ते को किसने कुर्सी पर बैठने का आदेश दिया।' रवानियां ने मुझे कुर्सी से उठाया और मुझसे कुर्सी लेकर चला गया। मैं जमीन पर बैठ गया।

उसके बाद भीड़ गाँव के आफिस में घुस गई और उसने मुझे घेर लिया। वह एक गुस्से से सुलगती हुई भीड़ थी। कुछ लोग मुझे गाली दे रहे थे। कुछ लोग मुझे धमकी दे रहे थे कि वो मुझे धारया (गँडासा) से टुकड़े-टुकड़े कर देंगे । मैं उनसे याचना की कि मुझे माफ कर दें, मेरे ऊपर रहम करें। इससे उस भीड़ पर कोई फर्क नहीं पड़ा । मुझे समझ नहीं आया कि मैं अपना जीवन कैसे बचाऊँ। मेरे दिमाग में एक विचार कौंधा कि मैं मामलातदार को जो अपने ऊपर बीती है उसे लिखकर बताऊँ और यह भी बताऊँ कि अगर यह भीड़ मुझे मार डालती है तो मेरे शरीर का कैसे अंतिम संस्कार करें। फिलहाल यही मेरी उम्मीद थी कि अगर इस भीड़ को पता चल गया कि मैं मामला दर को इस घटना के बारे में बता रहा हूँ तो वे शायद अपना हाथ रोक लें। मैंने रवानिया से एक कागज लाने को कहा। वह कागज लेकर आया। फिर मैंने अपनी पेन से बड़े-बड़े शब्दों में लिखना शुरू किया ताकि सब लोग उसे पढ़ सकें

'सेवा में,
मामलातदार, तालुका बरसाड़
महोदय,

परमार कालीदास शिवराम की ओर से नमस्कार स्वीकार हो। मैं आपको आदरपूर्वक सूचित करता हूँ कि आज मेरे ऊपर मृत्यु आन पड़ी है। अगर मैं

अपने माता-पिता की बात सुनता तो ऐसा कभी नहीं होता। आपका बड़ा उपकार होगा यदि आप मेरे माता-पिता को मेरी मृत्यु के बारे में सूचित कर दें।'

पुस्तकालय अध्यक्ष ने मेरे लिखे को पढ़ा और उसे फाड़ने का आदेश दिया। इस पर मैंने उसे फाड़ दिया। उन्होंने मेरी बहुत बेइज्जती की। 'तुम अपने आप को हमारा तलाती कहकर संबोधित करना चाहते हो। तुम एक भंगी हो, ऑफिस में बैठना चाहते हो, कुर्सी पर बैठना चाहते हो।' मैंने उनसे दया की भीख माँगी और वायदा किया कि ऐसा कभी नहीं करूँगा और यह भी वायदा किया कि नौकरी छोड़ दूँगा। मैं वहाँ रात के सात बजे तक, भीड़ के छँट जाने तक रोका गया। तब तक तलाती और मुखिया दोनों नहीं आए। उसके बाद मैंने 15 दिन की छुट्टी ली और अपने ता-पिता के पास बंबई लौट आया।